Cosima Stawenow

Unverletzt

Gedichte

Cosima Stawenow

Unverletzt

Gedichte

© 2023 Cosima Stawenow
Covergestaltung: Dirk Welz, Leading Edge Kommunikation
Fotos: Amelie Opitz
Crowdfunding: Juna Schönborn
Herstellung und Verlag: BoD – Books on Demand, Norderstedt
ISBN: 978-3-7578-8946-3

für F. J. U.

1
ENDE

Es kommt der Tag

Es kommt der Tag an dem du wirst.

Es kommt der Tag an dem du wirst gebettet
In Windeln, Schläuche und Katheter
Mit Beuteln, Nadeln und Manschetten
Wie viele weißt du nicht.

Was dich verlässt
ist ab sofort Vergangenheit
was ihn dir bleibt
ist nur ein Rest von Sicherheit
dass alles einmal anders war.

Der Tag ist nun die Nacht. Die Nacht der Tag.

Das ist der Tag an dem du weißt es ist vorbei.
Denn Gegenwart und Zukunft sind nun eins.
Das ist der Tag an dem du weißt dass du noch lebst.
Das ist der Tag an dem du weißt.

Und Gegenwart und Zukunft sind nun eins
Und Gegenwart und Zukunft sind nun eins
Es kommt der Tag
Der Tag ist jetzt.

Vom Ende

Das Blech, den Knall hörst du von Weitem
Vom Blut erzählten sie dir später
Was meint das denn – es kommt nicht wieder?
Die Sonne scheint. Es blüht der Flieder.

Der Arzt läuft durch dein Bild, er redet
Du hörst es, aber glaubst es nicht.
Was meint das denn – Kraft komm von oben?
Die Sonne scheint. Den Kopf erhoben!

Du hörst den Knall erst wenn's vorbei ist
Schon lange träumten wir vom Morgen
Ein langer Abschied wird es sein –
Bei Vogelsang. Im Sonnenschein.

Teuer

Teuer wurde ich erkauft
Mit Skalpell und Tränen
Drei Litern Blut und Opium
Jetzt bin ich hier. Was fange ich nun an
Mit meinem neuen Leben?
Die Zeit blieb stehn
Die Zeiger drehten sich nicht mehr
Der Tod kam vorbei und ging weiter
Warum nicht ich?
Ich wollt nicht leben.

Es war teuer.
Und nun muss ich allen zeigen
Wie schön für mich der neue Anfang ist
Dass ich gerne bin und nichts bereue
Und niemanden enttäuschen will
Denn es war teuer.

Jetzt bin ich hier. Was fange ich nun an?
Ich wollt nicht sterben.

Unbekanntes Material

Mich verlassen
Alle alle alle Kräfte.
Den Fluss hinab
Floss alles Gold
Ich blieb zurück
Ganz ohne Kraft
Muss ich es finden
Das unbekannte Material
Aus dem ich jetzt bestehe
Das sich in euren Augen spiegelt.
Leichter ist es und noch heller ist es
Und auch schwerer ist es, aber nur im Augenblick.
Es ist wandelbar gibt man ihm Zeit.
Und manchmal kehrt ein bisschen Gold zurück.

Butterfly

Ich schreibe bis ich nicht mehr bin
Ich schreib mich in den Schlaf
Ich schreibe bis der Arzt kommt
und fragt:

Möchten Sie einen Verweilkatheter oder ein Butterfly?

Ich blute bis ich nicht mehr bin
Ich blut mich in den Schlaf
Ich blute bis mein Liebster kommt
In seiner Hand ein Schmetterling.

Die Butterfly-Kanüle dient der Blutentnahme,
kann aber auch für eine kurzfristige Infusion verwendet werden.

Nicht allein

Ich laufe. Laufe weit.
Baum an Baum an Baum.
Gefrorner Hauch und Eis auf Zweigen.
Die Beine tragen mich
Ich laufe weiter
Soweit die Beine tragen
Denn ich weiß es nicht:
Tragen sie mich heute oder nicht.

Müde bin ich doch das Eis
Brennt in den Augen. Wangen heiß
Tränen zeigen: Lasst mich rein.
Rein in das Leben
Aus Eis und Sonne
Dunkelheit und Licht.
Allein in meinem Zimmer
Ertrage ich mich nicht.

Ich sehne mich nach meinem Zimmer
Nur wenn der Tag mir Licht verspricht
Und Nacht mir Nacht ist
Das Zimmer wird zu meiner Haut
Mein Wahn, mein Traum:
Die Wände durchzuhaun
Sie einzureißen Stück um Stück.

Ich laufe. Laufe weit.
Baum an Baum an Baum.
Gefrorner Hauch und Eis auf Zweigen.
Ich hab geliebt.
Jetzt hab ich: Augen, Hände,
Beine, Atem, Tränen.
Lasst mich rein. Rein in das Leben.
Und wenn ich sterben muss
Dann nicht allein.

Verlust

Erst das Schloss
Dann die Zahl
Ohne Hast
Ohne Wahl
Dann das Gold
Ohne mich
Weihrauch, Öl
Brauch ich nicht

Dann der Ton
So vertraut
In die Nacht
Eingebaut
Ohne Blatt
Ohne Strauch
Ohne dich
Geht es auch

Dann das Licht
Manchmal nicht
Manchmal doch
Fang ich dich
Spiegel bricht
Dann das Jahr
Und das Schloss
Und das Haar.

Im Krankenhaus

Die ganze Nacht Gedichte geschrieben
Dafür hab ich dieses Zimmer gebucht
Ich hab alles bei mir: einen Bleistift und sieben
Wunder nach Plan, eine Nadel, ein Tuch
Meine Seele und, ich glaub, alles darin.
Ich denke daran wer ich alles bin
Wer ich war, wer ich nicht war. Wer ich sein wollte
Beim Licht hier im Zimmer sage ich heute:
Für die Seele gilt kein Raum keine Zeit –
So bin ich in alle Ewigkeit.
Was ich war das bin ich und werde ich sein.
Kein Jammern und Klagen, kein Klammern und Schrei'n
Kein Kommendes oder Vergangenes.
Das Licht geht aus, die Nadel fällt raus
Das Tuch schlägt zu, die Wunder verblieben...
Die ganze Nacht Gedichte geschrieben.

2
ABSCHIED

Alles was lebt

Alles was lebt, ist Gold, das geht
Lass ziehen die Menschen, die Dinge
In den Fluss wurd auch deine Seele gelegt
So sag nicht: auf ewig, für immer.

Abschied

Das Allerschlimmste
Wenn's für immer ist.

Das Allerqualvollste
Wenn man nicht weiß
Ob's nur für heute ist.

Das Allerleichteste
Wenn es bis morgen ist.

Aufstieg oder Untergang

Heute schlafe ich in dir
Ein Aufstieg oder Untergang
Was du nie erlebtest soll dich
Ziehen in ein fernes Land.
Ich habe diesen Diamant
Geschliffen immer wenn ich klagte
Aus Worten, die ich niemals sagte
So schmelz ich alles was ich hatte
Zusammen auf nur einen Tag
An dem ich in dir schlief.
Und alles was du jetzt nicht siehst
Das zahlt sich aus über die Jahre
Alles Künftige wird kommen
Und alles Unerlebte liegt
In deinem Traum. Auf einem Schiff
Brennglas, Flamme, Präzision
Und alles was jetzt noch nicht ist
Geschieht – und ist vergangen schon.
Leg es drauf auf dein Gehalt
Es zahlt sich aus über die Jahre
Wenn ich auf dem Schiff mitfahre
Zum Untergang. Zum Abendglück
Zum Aufstieg – stets zur Sonne hin
Und das was war, das bleibt zurück.
Auch wenn es nicht mehr ist – ich bin.

So will ich sterben

So will ich sterben:
Unter einem Baum
Darin die Raben
Bei Wellenrauschen
Tausend Farben
Aus den Melodien
In meinem Traum.
Ich freue mich
Auf deine Arme
Und ich sammle alles Warme
Bis dahin.
So will ich sterben:
Unter einem Strom
Aus Licht und Luft und Zeit
Die mich von fern nur streifen
Wie eine Erinnerung
Wie Sand, wie eine Brise,
Wie ein blaues Band
Gewebt aus Schmerzen
Und Vergangenheit.
So will ich sterben:
Fern von allem,
Unsichtbar.
Gerahmt von deinem Haar
Und deinen Augen.
Als Bild von mir
Eingestickt in dein Kissen.
Sterben will ich wollen
Und nicht müssen.

Himalaya-Kind

Zwei Zöpfe, ein Kleid, eine Hand, eine Hand
Du zwischen uns, einen Sommertag lang.

Wir sehen uns an und haben kein Ziel
Nur einen Tag, einen Strahl, eine Wolke, ein Spiel.

Du bist groß, du bist klein, du bist klug und geweiht
Genäht die Träume auf deinem Kleid.

Unser und keiner. Zu Zweit, nun zu Dritt
Ins Blaue getragen. Wir nehmen dich mit.

Mit Wolken und Wasser geweiht unser Kind
Weil dort oben die Seelen schöner sind.

So bringt mich zurück wo das Wasser entspringt!
Und küss mir dort mein Himalaya-Kind.

Thank you

Thank you for being friends, my friend
Thank you for spending time with no suspense
For warming up my space, for holding head and hand
For cooling down my mind. And thank you for the end.

Le vieux château

Dans un vieux, un vieux château
Que j'ai construit pour vous
Je passe désormais mes jours
Si vide et vaste sa cour.

Je m'trouve errante dans ses couloirs
Ouverts comme mes bras
Et de mes yeux, mes yeux elles coulent
Les mémoires et les larmes.

La pluie, elle tombe à votre honneur
S'enfonce dans la cour
Fenêtres ouvertes comme mon cœur :
Seul et uni, toujours.

3

WEITERLEBEN

Cyan

So war der Himmel immer blau, auch überm Helikopterlandeplatz, die
Blätter immer grün die Luft so schön die gelben Felder auf den Höhn
leuchteten immer und – so schien es uns – auf ewig farbenprächtig
angestrahlt wie Fujifilm, wie Nagellack, wie angemalt.

Doch hab ich nun mein Leben wieder, hab es in Cyan getaucht, und wann es
wieder auftaucht, wag ich nicht zu sagen. Ich hab den Film, der alle Farben
von Hell bis Dunkel birgt, tausendmal in meiner Kammer auf Platten
aufgetragen.

Gezogen durch das unbekannte Material – das Ungesagte löst sich in der
Silberschicht – hab ich aus Bodenschätzen mir ein Bild gemalt, vielleicht,
von dir, ich hab es eingerahmt in Gold, doch darf es nicht ans Tageslicht.

Überlebt

Wenn du überlebt hast scheint die Sonne falsch
Der Himmel ist zu hoch und auch die Worte
Die Bäume sind zu grün, die Blumen sind zu schön
Man sagt zu dir, du warst an falschen Orten.

Der Fluss floss aufwärts und er gab dir Flügel
Ihm zu folgen bis zum Quell der Zeit
Die Quelle sprach zu dir: Verweile,
Von hier aus ist es nicht mehr weit.

Verlassen solltest du die Täler
Und Höhen die so zauberhaft zerronnen
Du solltest überleben und nicht bleiben
Falsch warst du nicht. Denn du wirst wiederkommen.

Krankenhaus am Feldrand

Ich dachte alles hat ein Ende
Alles außer Bepanthen.
Ich wollte diesen Ort nicht wiedersehen
Jetzt bin ich wieder hier
Mit rauen Händen.

Ich dachte alles geht vorbei
So hoffte und so fürchtete ich mich.
Jetzt bin ich wieder hier
Und höre Lerchen singen
Und mehr ertrage ich mit rauen Händen nicht.

Die Seele ist so rau und legt sich nicht
Die Lerchen steigen hoch
Höher als der Helikopter flog
Unter dessen Flügeln ich geborgen war.
Jetzt bin ich wieder hier
Ich sehe alles und ich glaub nicht was geschah.

Gekommen um zu gehen

Gekommen um zu gehen
Verloren um zu erben
Augen zu um zu sehen
Geboren um zu sterben

Gehäuft um zu verlieren
Geliebt um zu vergessen
Zerstört um zu kreieren
Ausgespien um zu essen

Aufgespart für den Tag
An den man niemals dachte
An dem man, als er kam
Nur lachte, weinte, lachte.

Somnium videre. Usque ad finem

Ich hab im Traum ein Schiff gesehn
Gegen den Strom
Vorbei der Mast, der Kapitän
Zog es davon

Du wolltest gern woanders sein
Hat mir das Schiff erzählt
Es hat bei Nacht kurz angelegt
Du wurdest auserwählt

Vorbei der Traum im Sonnenschein –
Ich weine nicht.
Doch such ich nun mein Angesicht
Im Spiegel.

R.I.P.

Was wird ohne Dich auf Erden?
Du – Studentin
Ich – Patientin
Ich sollt sterben
Du solltst werden.

Miss an Tiefe
Nicht an Länge
Unser Leben.
Steige, falle
Wenn wir schliefen –

Schläfst du den schönsten
Schlaf von allen.
Leicht, vollkommen
Du – die Erste.
Ich – die Schwerste.

Heidelberg, 24.01.2022, anlässlich des Amoklaufs

Replaced

Stimmen wurden Wort
Wort ward Material
Blut wurde zu Gold
Gold ward eine Zahl –
Ich schreibe und ich werde leben.

Liebe wurde Blei
Tinte wurde Blatt
Tod ward ein Kristall –
Ich sterbe, doch ich werde leben.

Seele wurde schwarz
Schwerelos gemacht
Schreib ich uns ins Herz:

Wissen wurde Nacht
Leere wurde Schmerz –

Und Dunkel wurde Leben.

Für immer

Wie kann denn etwas, das lebt, sterben?
Wie kann denn etwas, das stirbt, leben?
Warum sollt das, was lebt, nicht sterben?
Wer ist der Bestimmer?

Alles stirbt. Immer.

Was hat dein Herz für einen Lenker?
Und Frühling? Blume? Hände? Sonne?
Wohin sie gehen? Woher sie kommen?

Alles wird. Immer.

Du kannst daran nichts ändern.
Nicht einmal das eine kannst du
Formen, das dein Leben heißt.
Und heißt. Und heißt.

Alles – du. Immer.

Wie traurig bist du, dass du nie ein andrer sein wirst.
Nie jemand andres warst. Dass du für immer du bleibst.
Du sagst: Was für ein Glück
Dass ich mich wiederhabe.
Ich hab nichts anderes! – Bis ich gehe.

Alles weint. Immer.

Kauf dir das, was alle haben
Trinke, tanze, mach dich schön und treibe Sport
Und treibs mit jedem
Doch nichts bleibt
Und nichts wird dir gelingen.
Denn du bist der du warst
Und der du sein wirst
Mit allen Sinnen.
Alles bleibt. Immer.

Auch wenn du's nie wolltest:
Du wirst zwischendurch gerettet werden
Doch warum?
Weil's immer schon so war.
Weil nichts je schlief.
Weil alles weitergeht.
Wie Wasser durch die Schlucht, mal hoch, mal tief.

Alles fließt…

Immer hat sie dir geleuchtet
Jetzt liegt sie in Scherben:
Gewöhnlichkeit. Gewohnheit.
Hoffnungen und Wünsche.
Wie alle sein. Gesundheit.
Natürlich und auf ewig.
Weil nach dir nichts mehr kam.
Jetzt ist's soweit:
Was nach dir kam hat schon begonnen.

Alles beginnt von vorne. Immer.

Such Worte für das Namenlose
Und du siehst:
Erst undeutlich, dann klar, und dann verwischt:
Nur Tinte auf Papier.
Kritzelschrift in Lehm.
Asche auf der Wunde...
Alles muss erst trocknen
Bevor es existiert.
Trocken – deine Sinne
Die begreifen wollen
Und nur erraten, was hier vor sich geht.

Alles Rätsel. Immer.

Plötzlich: Alles Rauch.
Du willst es. Und vielleicht, vielleicht, gelingt es diesmal?
Dein Universum nach dem Urknall neu zu formen.

Monde, die Erkenntnis,
Furcht und Hoffnung, Trost und Sterben heißen,
werden dich umkreisen.

Du selber bist der Stern, der Tau, der Silberstreifen,
die sich um dich legen und dich offenbaren.
Und dann wirst du sagen:
Alles war das Beste.
Was je passieren konnt in deinem Leben.

Wie du es liebst,
Auch wenn es geht,
Für immer.

Dazwischenland

Heiße nicht Euphrat, nicht Tigris
Im Zweistromland bin ich die Mitte
Hab keinen Kern, bin zwei Hälften
Bin von dem Bild nur die Firnis.

Ich bin das Gleis in der Mitte
Bahnsteig nicht rechts, nicht links.
Auf mir die Güterzüge –
„Durchfahrt! Zurückweichen bitte!"

Ich bin der Schlitten ins Tal
Alles steigt an, mir zum Fall
Keiner bringt mich zum Stehen –
Kometen verglühen so im All.

Halte mich an, halt mich jetzt!
Nicht festhalten. Nur zum Verstehen:
„Was tat ich denn bis zuletzt?
Kann ich das Bild nochmal sehen?"

Der letzte Sommer

Nach dem ersten Winter folgt der letzte Sommer
Ein Werden liegt im Sterben und ein Ton
Der aus Schnee Wärme zaubert und aus Blättern Schatten
Was flüchtig ist, deckt zu. Was geht, wird wiederkommen.

Der erste Winter war so frisch wie Blut
Ich hatte es im Kopf, ich hatt es in den Händen
Ich hatte einen Stift, ich schrieb mit Rot an alle Wände
Ich hatte einen Traum, er sollte niemals enden.

Der letzte Sommer zeigt uns was noch ist
Und ob der Traum noch bis zum nächsten Winter geht
Und ob das dann der letzte Winter ist
Oder ob der Traum uns sagt: Vergiss.

4
TROST

Cherubim

Es war so gut
Du warst so nah
Den ganzen Tag
War ich ganz Dein
Sah Dich gar mit geschlossnen Augenlidern.

Du –
Sahst mich im Schlaf
Hast mich geweckt
Und zugedeckt
Ich braucht nur Dich – und Cherubim
Und etwas Morphium und Seraphine.

Trost

Ein Sternenmeer, ein Funkenflug
Die Gegenwart – so starr wie Eis
Wie geht es dir? Wie immer? Gut?
Ein Bild – ein Lied – ein Dank – ein Trug –
Ein Schein, so nichtig, doch so wichtig
Wie Sternenglanz im Februar
Wie Sonnensturm im Nordpolar
Wie eine Hand auf deinen Arm gelegt
Wenn du nach Hause über Glatteis gehst.

Knie

Du bist mein Knie
Ich geb dir einen Kuss
Ich bin gefallen
Und jetzt küsst du meine Wunde
Ich segne dich
Und streich dir übers Haar
Du bist gefallen
Und nur das Blut am Knie
Gibt davon Kunde.

Gesegnet

Gesegnet bist du
Mit den Ufern für immer vereint
Mit Wind und Wetter, der Weite
Um die Wette geweint
Und Verlust ist Gewinn.
Wer Tränen verliert, der addiert sie
Zum Ozean und zum ewigen Sinn.

Ich seh die Welt

Ich seh die Welt im Abendsonnenschein
In Gold gegossen. Und in Anbetung
Steige ich auf jeden Gipfel. Halte inne –
Oh Zeit, oh Lied, oh Leid, verrinne!

Nein, halte ein und zeig mir das, was war!
Gib mir aus jedem Becher was zu trinken
Und sag mir, was auf Fliegen und auf Siegen reimt:
Rückkehr. Ruhen. Träumen. Sinken…

Die Welle

Die Welle draußen auf dem Meer
Ist schwer wie Walfleisch, dunkel auch und kühl
Sie drückt dich weg, sie saugt dich wieder an
Und wenn du denkst, wo ist sie hin,
So schwimmst du obendrüber

Das ist so ausgedacht, damit du überlebst.

Doch wenn die Welle kommt an deinen Strand
Spült sie sich ein in kleinste Teiche
Der Wellensaum so leicht, so Schaum, so leise
So flüsternd wie ein Gruß aus einem fernen Land.

Das ist so ausgedacht, damit du es erträgst.

Im Versteck

Überwinterte Rosen
In Beeten wüten
Frühblüher frieren –
Und suchen dich

Apfelknospen
Kleewiesen brüten
Kirschenblüten –
Berühren dich

Rosmarinzweige
Sonne entartet
Blätterdach wartet –
Und findet dich

Schneewittchen

Schwarz – Weiß – Rot –
Ein Kinderspiel. Tot.
Unzuverlässiger Spiegel
Warum diese Frage
In die Fremde verjagt. Versklavt
Von Sieben.
Verkauft
Von der einzigen Liebe
Gefesselt. Geknebelt.
Hinter den Bergen
Kein Licht. Keine Luft.
Alles und nichts zu verbergen.
Krank. Gift –
Schlummer im Sarge.
Ein Kratzen am Glas.
Spürst du, dass ich dich trage?

Das Kind und die Hundertjährige

Ich fass alles an
Ich möchte spielen
Die Welt ist groß
Ich bau mir ein Floß
Damit fahr ich alleine
Dahin wohin die Wolken ziehn
Warum ist's schon so spät?
Ich wollt noch bleiben.

Lass alles liegen
Sei zufrieden
Wir haben alle Zeit.
Die Welt ist klein
Sie passt in dich rein.
Du kannst bleiben.
Es wird wehtun
Doch du wirst nicht leiden.

Die Ordnung der Dinge

Dass es die Ordnung der Dinge ist
Dass es das ist, das man meist vergisst
Das Binden der Schuhe, das Winken am Zaun,
Das Zählen der Erbsen, das Schlucken, das Kauen,
Das Zähmen des Mondkalbs (es zählt der Versuch),
Das Zink auf den Wunden, notiert in ein Buch
Dass es so still, gleichsam abgesteckt
Dass es so etwas wie Wunder gibt.

Hügelwärts

Wenn der Bergpfad zu steil
Der Nebel zu nass
Die Erde zu fremd
Der Atem zu schwach
Kannst du dich immer noch an einen Baum anlehnen
Der hügelwärts wächst.

Vollkommen

Was so vollkommen war
Weil es ein Anfang war
Ein Anfang eigentlich nur
Von Leben und nichts weiter –
Der Versuch, zu atmen, sich zu strecken
Nach Worten und nach Bildern
Die gleich wieder fort waren –
Ein Anfang von Vertrauen
Hinhören, ein Empfangen nur –
Was so vollkommen war
Sollt niemals aufgeschrieben werden
Und sollt doch tausendmal
Auf großen Bannern stehen
Die ich spanne zwischen den uralten Säulen
Die du errichtet hast
Als ich so arm und nackt
Ohn Brot und Wasser, gefangen, in der Fremde.

Allein

Du sagtest mir:
Allein
Gehabt zu haben
Geliebt zu haben
Das allein.

5

DASEIN

Mitte des Lebens (herausgeschnitten)

Ich bin 16. Und die Stadt ist dunkel.
Alles fließt und keiner kann es fassen.
Ich verbringe meine Zeit in Bussen.
Was auf der Hinterbank gesagt wird ist die Wahrheit.

Ich bin 20. Und ich liebe sterblich.
Und alles dient uns nur zum Besten.
Der Verdacht, dass alles nur ein Spiel ist
Verlässt uns nicht. So machen wir ein Fest draus.

Ich bin 30. Und ich habe lauter Pläne.
Ich bin für alles, alles, nur – wogegen?
Man kann nicht alles haben. Man soll nichts verschwenden.
Bis zum bittern Ende wird sich alles, alles wenden.

…

Ich bin 60 und verstehe alles Weben
Und Trachten und Verlangen. Und ich lächle weise.
Alle wollen Liebe. Keiner kann sie geben.

Ich bin 80. Und ich möchte alle segnen.

Was du willst

Für dich ist alles neu und fraglich
Für mich ist alles alt und schön.
Ich will im Augenblick verweilen
Weil ich nicht weiß wohin wir ziehen.

Du willst dein Leben neu erfinden
Mit Klängen, die noch niemand sang
Ich will nur einen Becher trinken
Der randvoll bis zum Ende war.

Du willst Unsterbliches kreieren
Das ewig dir zu Füßen liegt
Ich will mein Ich in mir verlieren
Bis sich das Blatt im Winde wiegt.

Wir gehen zu Ende unsere Wege
Was du dir wünschst, erhältst du zwar
Zur Hälfte nur, doch ich die andere.
Wir könnten tauschen, was geschah.

Wir könnten's auch für uns behalten
Doch gleich wie wir es wenden, drehen:
Du wirst dein Ende nicht gestalten.
Was nach uns kommt, ist im Entstehen.

Hunger

Im Alltag ist's so schwer sich zu ernähren
Zu trinken alleine von der Bücher Flut
Sich zu wärmen nur an Worten, Bildern
Zu denken und zu schreiben.
Vorzusorgen für den nächsten Tag.

Es geht nicht. Bringst du Brot?
Gehst du zum Lehrer? Hast du Geld?
Das Auto ist kaputt. Ich will jetzt essen.
Wo ist die Liste? Und der Schlüssel?
Wer bleibt denn dann beim kranken Kind?
Undsoweiter undsofort.

Gebeugt von Arbeit, Putzen, Rechnungen,
Einkäufen, Arztterminen, schlaflosen Nächten
und Rechtfertigungen… Wir haben's so gewollt.
Wir zahlten mit der Freiheit. Und erhielten: freie Feiertage.
Wir haben alles! Und wir sind gesund!
So lange – bis der Hunger wiederkommt.

Haut

Weil sie nur hält
Was du nie versprichst
Weil sie nur schützt
Dein Angesicht

Weil sie begrenzt
Was ewig ist
Weil sie dich malt
Wie du nicht bist

Ist sie nur Ende,
Außen – nie Ziel
Tote Materie,
Bild – nie Gefühl

Hast du in Nächten
Dich selber geschaut
Zieh sie ruhig ab –
Du bist schön ohne Haut.

Unverletzt

Wir wissen – alles hat ein Ende.
Das Schöne auch. Es geht vorbei.
Bist du bereit das Nichts zu trinken?
Kristalle. Höhlen. Funkeln. Sinken –
Geschlucktes Licht. Gebrochen tausendmal
Nicht Gold. Sei unbekanntes Material.
Wir werden alle schweigen.
Nur nicht dieses und auch nicht das nächste Mal.

Doch wissen wir: es wird zu Ende gehen
Vielleicht sogar bevor es ausgedacht.
Was bleibt, sind Lieder, Orte,
Verbundene Wunden, Worte,
Glauben, Medizin.
Und was davon wann hilft.
Mit Arbeit totgeschlagene Zeit
Und sicherlich noch mehr.

Deine Geschichte – lange her
So traumsicher und abgeschlossen.
Meine brennend noch, ein Trümmerfeld.
Ich wünscht, es wär nicht so viel Ich darin
Denn das, was ich bisher gesagt
War nackt und bodenlos
Und bin doch stark und groß.
Verletzt ist der, der unverletzt sich gibt.

„Nicht (…) schweigen, nicht Gold (…) sein,
sondern unbekanntes Material"
Boris Pasternak an Marina Zwetajewa, 10. Juni 1926

Alles schon da

Ich dachte die Welt sei fröhlich und hell
Dabei ist sie dunkel und sanft.
Vorher war mir die Welt stets zu viel
Jetzt ruht sie nach langem Kampf.

Der Fluss lief beständig. Unbändig und wild
Er lief mir immer davon.
Jetzt ist sein Wasser prächtig und still
Wenn du das sehen willst komm.

Ich muss nicht mehr zäunen ich muss nicht mehr baun
Es ist doch alles schon da.
Säulen und Tore, uralt und vertraut
So dunkel und wunderbar.

Geschenk

Ich dank Dir dass mein Leben kurz war
Dass es bis hier verlief und weiter nicht
Dass ich dennoch weitergehe war nicht nötig
Ich glaube deshalb ist es ein Geschenk.

6

AUSSERHALB DER ZEIT

Zeit unterm Brennglas

Verkürzen und schleifen. Pressen und Wringen. Bis zur Essenz.
Eine Geburt vollbringen. Den Orgasmus bezwingen. Ewige Permanenz.
Leben im Sturm. Im Auge. Im Sand.
Die Sekunden anhalten. Die Leere ausschalten. Die weiße Wand.
Sinn generieren. Bild zu Symbol. Wissen zu Glauben. Glauben zu Traum.
Träume zu Wissen. Für immer. Und dann...

Außerhalb der Zeit

Die Kirchturmuhr tickt wieder richtig
Die Zeit geht immer noch im Kreis
Was gestern war, kommt heute wieder
Und heute ist, was morgen heißt.

Die Schwäne wollen heut nicht fauchen
Der alte Hund knurrt nicht am Tor
Ich will ganz in den Fluss eintauchen
Doch Enten kamen mir zuvor.

Die ganze Stadt ist heut geschmückt
Die feinsten Leute grüßen mich
Und auf dem Turm die Kirchuhr tickt
Im Kreis. Die Zeit, sie braucht mich nicht.

Dezember

Ich bin gesegnet, dass in diesem Jahr
Nicht nur die Vögel flogen in den Süden
Sondern auch alles was mir wichtig war:
Die Zeit. Die Arbeit. Und mein Leben.

Zurück blieb ich. Ich seh mich staunend um
Im einem neuen Raum, der altbekannt
Trotz aller frühlingshafter Dämmerung
Der dunkelsten der Jahreszeiten artverwandt.

Ich flog in eine neue Dimension
Nein – dorthin wurde ich getragen
Auf Engelsflügeln oder Morphium
Worauf genau das kann ich euch nicht sagen.

Willst du in dieser neuen Dimension
Mich sehen musst du vorher wissen:
Dass alle toten Bäume voller Leben sind
Und dass Zeit und Raum sich kreuzen müssen.

Fliegen

Fliegen ist Zeit ohne Raum
Loslassen kommt immer erst nach dem Traum
Ohne Tränen kein Halt –
Einsam nur der, der sich freut
Am Fliegen im Raum ohne Zeit
Seele vom Körper befreit
Kein Ort – nur Weite zu schauen
Denn Fliegen ist Zeit ohne Raum.

Let it go

Nimm nicht den Eispalast
Suche und finde!
Aber entschwinde
Nicht in die Zukunft
Bau dir kein Haus.

Zukunft wird Gegenwart nur
Gegenwart hast du genug
Haus wird Vergangenheit
Du kannst nichts tun.

Du hast die Zeit befreit
Von aller Möglichkeit
Weiterzuziehen.
Gehe und halte nichts
Hast schon genug.

Was nicht geschrieben wird

Was nicht geschrieben wird, vergeht
Was nicht gegossen wird, bleibt Lehm
Nur was getrocknet ist, entsteht
Und bleibt doch in der Zeit bestehen.

Wir schaffen uns die Schönheit selbst
Und fallen vor ihr in den Staub
Aus Gold, das selbst nur Staub gebar
Echo, das nach Glocke klingt –

Und nichts hilft, weil so schön es war
Auch was geschrieben war, verging.

Asche

Und du weißt nicht wo sie hinging
Deine Liebe und dein Leben und die Zeit
Es bleibt nur, kalte Asche zu verstreuen
Aus Feuer, Goldstaub und Vergangenheit.

Du hast nur noch dich selbst. Das reicht schon
Versteckst die Augen unter Hoodie oder Hut
Und du träumst von längst vergangenen Nächten
So lau. So laut. Und so verboten – und so gut.

In den Gedankengängen verläuft sich's ab jetzt besser
Als in mancher Stadt. Dein Soundtrack ist privat
Du hast den Sack mit Asche und du gibst was ab.

Und du weißt nicht wo sie hinging
Wo sie bleibt, ob sie zurückkommt oder sich ab jetzt verstellt, die Zeit
Es brennen andere Feuer überall
Dir bleibt der Sack mit Asche. Und das Weiterstreuen

Poetry is the evidence of a life and not the life itself.
It's the ashes of something that's burning well.
Sometimes you can confuse yourself and try to create ashes instead of fire.
Leonard Cohen

Fragen

Werd ich dich lieben
Mistelblau, Morgentau
Amselgesang, Quelle am Waldessaum
Liane, die wuchs wie sie will?

Fürs Wachsen ist es zu still
Dürre
Äste im Wind
Leere
Kähne die ziehen
Silber
Das fieberhaft blinkt

Ist denn das Leben ein Fluss?
Kommt nur was kommen muss?
Kommt immer alles mit Macht?
Werd ich dich lieben –
Tag der da kommt nach der Nacht?

Zeit aus Glas

Es kommt einmal die Zeit aus Glas
Dann scheint hindurch was schon gewesen
Scheint bis in alle Ewigkeit
Durch Glas und Rauch und Raum und Zeit